AF502619

NOTICE

SUR

Jean de LA FONTAINE.

Jean de La Fontaine naquit le 8 Juillet 1621, à Château-Thierry. Son père exerçait la charge de maître des eaux et forêts.

Son éducation fut entièrement négligée ; mais la nature y suppléa. Il apprit seulement un peu de latin.

A l'âge de dix-neuf ans, il entra à l'Oratoire. Son humeur indépendante ne put s'accommoder des règles et des exercices de cette congrégation, il en sortit dix-huit mois après.

Rentré dans le monde, son père le revêtit de sa charge. On le maria avec la fille d'un lieutenant au bailliage royal de la Ferté-Milon, Marie Nésicart, qui joignait à la beauté, beaucoup d'esprit. Il exerça sa charge, pendant plus de vingt ans, avec la plus grande indifférence, et quant à sa femme, qui était d'une humeur impérieuse et fâcheuse, il s'en écarta le plus qu'il put. C'est elle qu'il peignit, dans sa nouvelle de Belphégor, sous le nom de madame *Honesta:*

Belle et bien faite, et peu d'autres trésors,
Noble d'ailleurs et d'un orgueil extrême,
Et d'autant plus que de quelque vertu,
Un tel orgueil paraissait revêtu.

Le père de La Fontaine aimait les vers. Il voulut en inspirer le goût à son fils. Celui-ci, insensible aux attraits qu'on lui vantait, avait atteint sa vingt-deuxième

FONTAINIANA.

RECUEIL D'ANECDOTES,

BONS MOTS, NAÏVETÉS,

traits ingénus, de

JEAN DE LA FONTAINE,

PRÉCÉDÉ

d'une notice sur ce Fabuliste.

1860

Ln27 11087

Ce petit volume et tous ceux de la même collection, se trouvent à *Paris*, chez **DELARUE**, Libraire-Éditeur, quai des Augustins, 11 ; et à *Lille*, chez **BLOCQUEL-CASTIAUX**.

Lille. — Typ. de Blocquel-Castiaux.

année sans donner le moindre signe d'un penchant qui devait bientôt le captiver entièrement. Une rencontre imprévue fit germer dans son âme l'amour de la poésie, que toutes les leçons de son père n'avaient pu faire éclore : un officier, alors en garnison à Château-Thierry, lut un jour devant lui l'ode de *Malherbe*, qui commence par ces vers :

Que direz-vous races futures,
Si quelquefois un vrai discours,
Vous récite les aventures
De nos abominables jours ?

Cette ode lue et déclamée avec emphase, transporta La Fontaine, et développa en lui le goût et l'enthousiasme des vers. C'est alors qu'il eût pu s'appliquer la surprise de Perse :

Me fonte labra prolui Caballino:
Nec in bicipisi somniasse Parnasso
Nemini, ut repentè sic poëta prodirem.

Malherbe, dès cet instant, fut l'unique objet de ses délices : il le lisait, et l'étudiait sans cesse. Il fit plus, il voulut l'imiter ; et, comme il nous l'apprend lui-même dans une épître à M Huet, les premiers accents de sa lyre furent montés sur le ton et l'harmonie des vers de ce poète :

Je pris certain auteur autrefois pour mon maître ;
Il pensa me gâter : à la fin, grâce aux dieux,
Horace par bonheur me dessilla les yeux.
L'auteur avait du bon, du meilleur, et la France
Estimait dans ses vers le tour et la cadence.
Qui ne les eût prisés? J'en demeurai ravi...
Mais ces traits ont perdu quiconque l'a suivi.

Comme il le dit, le charme cessa, il ne s'en tint point à Malherbe. Un de ses parents, nommé *Pintrel*, en louant ses essais, lui mit entre les mains Horace, Virgile, Térence, Quintilien, comme les vraies sources du bon goût et de l'art d'écrire. A ces livres il joignit la lecture de Rabelais, Marot, et de l'Astrée de Durfé, seuls auteurs français qu'il affectionnât. Il lut et relut l'Arioste et Bocace qu'il aima singulièrement, et qu'il sut si bien s'approprier, qu'en les imitant, il surpassa ses modèles, enfin il fit ses délices de Platon et de Plutarque.

Dès-lors, livré aux lettres, et d'un caractère aussi libre qu'indépendant, il s'abandonna tout entier à son goût et à son penchant.

Les ouvrages de La Fontaine acquéraient déjà de la célébrité lorsqu'il fut accueilli par la fameuse duchesse de Bouillon, exilée alors à Château-Thierry, et qui, lors de son rappel, l'emmena avec elle à Paris. Cette capitale avait de puissants attraits pour notre fabuliste. Aussi ne laissa-t-il échapper aucunes des occasions qui pouvaient l' conduire. C'était ordinairement lorsqu'il était excédé des humeurs de sa femme. Mais son peu d'arrangement dans ses affaires, et la mauvaise économie de sa femme, ne lui permettaient pas d'y faire un long séjour.

A son arrivée à Paris, un de ses parents le présenta au surintendant *Fouquet*, qui lui fit une pension. Lors de la disgrâce de ce ministre, arrivée en 1661, La Fontaine eut la hardiesse de faire éclater ses plaintes et ses regrets, dans une élégie; qui est la seule que nous ayons dans notre langue, qui mérite ce nom.

Il fut gratifié ensuite d'une charge de gentilhomme chez la célèbre Henriette d'Angleterre, première femme de Monsieur. Mais la mort précipitée de cette princesse fit aussitôt évanouir sa position brillante.

Ses poésies cependant lui avaient acquis de puissants protecteurs. Madame de la

Sablière surtout, femme d'esprit, d'un mérite rare, le rechercha particulièrement. Elle eut la générosité de l'attirer chez elle, et de le dispenser des soins qu'il était incapable de prendre.

Malgré les secours de ses protecteurs, il se trouvait souvent dans l'embarras. Il n'en était pas plus ému, et lorsque les ressources lui manquaient, il s'en allait à Château-Thierry vendre quelque portion d'héritage, qu'il revenait aussitôt dissiper à Paris. C'est ainsi qu'il s'en allait comme il nous l'a dit :

Mangeant le fonds avec le revenu.

Racine et Despréaux, avec lesquels il fut extrêmement lié, s'amusèrent souvent à ses dépens. Ils l'appelaient le bon homme, quoiqu'ils connussent bien d'ailleurs tout ce qu'il valait.

La Fontaine travaillait partout où il se trouvait. Tous les endroits lui étaient bons et indifférents. Il n'eut jamais de cabinet particulier ni de bibliothèque. Il aimait surtout à travailler au milieu des champs et pour ainsi dire sous les yeux de la nature.

La mort de Colbert, arrivée en 1683, laissa une place vacante à l'académie française, pour laquelle La Fontaine et Despréaux furent en concurence. Notre fabuliste fit, pour la première fois de sa vie, des mouvements pour l'obtenir: il présenta au roi une ballade, dont l'envoi était ajusté aux circonstances où il se trouvait. Il y sollicite en sa faveur, et tire parti du refrain qui sert en même temps à célébrer la gloire du monarque.

Quelques esprits ont blâmé certains jeux,
Certains récits qui ne sont que sornettes;
Si je défère aux leçons qu'ils m'ont faites,

Que veut-on plus ? Soyez moins rigoureux,
Plus indulgent plus favorable qu'eux ;
Prince, en un mot soyez ce que vous êtes,
L'événement ne peut que m'être heureux.

Il fut élu académicien le 2 mai 1684. Parmi tous les grands hommes de son temps, il fut le seul qui échappa aux libéralités et aux bienfaits de Louis XIV. On avait indisposé contre lui ce monarque, qui ne voulut jamais entendre parler de lui.

Après la mort de madame de la Sablière, il se trouva réduit à la situation la plus difficile à supporter. La nécessité pensa l'exiler de sa patrie. Madame de Bouillon voulut l'attirer à Londres, pour lui assurer une subsistance honorable : il fut détourné de ce voyage par les dernières circonstances de sa vie.

Vers la fin de 1692, il tomba dangereusement malade. Le père Poujet, vicaire de

Saint-Roch, le confessa, lui donna le viatique, lui fit faire une satisfaction publique sur ses contes, et brûler une pièce de théâtre qu'il avait composée depuis peu.

Il releva de cette maladie. Dans sa convalescence, il fut invité par madame d'Hervard, femme d'un conseiller au parlement, qui l'aimait beaucoup, à venir loger chez elle. Il accepta l'offre. Il y trouva ce qu'il avait perdu par la mort de madame la Sablière : la tranquillité et les attentions. Il voulut alors traduire les hymnes de l'église ; mais il ne put suivre ce nouveau genre de travail.

Il vécut encore deux ans dans la langueur. Il mourut le 13 mars 1695, âgé de soixante-treize ans, et fut enterré à Saint Joseph au même endroit où l'on avait enterré le corps de Molière vingt-deux ans auparavant. On prétend que lorsqu'on le déshabilla pour le mettre au lit de la mort, il se trouva couvert d'un cilice ce qui donna lieu à Racine le fils de faire les vers suivants :

Vrai dans tous ses écrits, vrai dans tous ses discours,
Vrai dans sa pénitence à la fin de ses jours,
Du maître qu'il approche, il prévient la justice
Et l'auteur de Joconde est armé d'un cilice.

La Fontaine se peint par ses écrits et par ses discours. En parcourant cet *ana*, on se fera une juste idée de son caractère et de son génie. On y verra le grand homme isolé, et le grand homme en société. C'est en l'envisageant sous ces deux points de vue, qu'on pourra bien apprécier et juger cet écrivain célèbre.

FONTAINIANA.

La Fontaine, ce conteur si aimable la plume à la main, n'était plus rien dans la conversation. De là ce mot plein de sens de madame de la Sablière : *En vérité, mon cher La Fontaine, vous seriez bien bête si vous n'aviez pas tant d'esprit ;* mot qui serait tout aussi vrai en le retournant d'une manière plus sérieuse : *Vous n'auriez pas tant d'esprit, si vous n'étiez pas si bête.*

Mais ce qui est curieux, c'est ce qui arriva à La Fontaine au sujet de l'un de ses opéra. On le joua sur le théâtre de Paris. L'auteur était dans une loge ; on n'avait pas encore exécuté la première scène, que le voilà pris d'un long baillement qui ne finit plus. Bientôt il n'y peut plus tenir, et sort à la fin du premier acte. Il va dans un café qu'il avait coutume de fréquenter, et se met dans son coin. Apparemment l'influence de l'opéra le poursuivait encore, car la première chose qu'il fit fut de s'endormir. Arrive un homme de sa connaissance, qui, fort surpris de le voir là, le réveille : *Eh ! M. de La Fontaine, que faites-vous donc ici ? et par quel hazard n'êtes-vous pas à votre opéra ? — Oh ! j'y ai été. J'ai vu le premier acte ; mais il m'a si fort ennuyé, qu'il ne m'a pas été possible d'en voir davantage. En vérité, j'admire la patience des Parisiens.*

La Fontaine s'avisait rarement d'entamer la conversation, et comme il était presque toujours préoccupé, il y plaçait souvent des idées ou des réflexions bizarres et singulières auxquelles on ne s'attendait guères. Il était un jour chez Despréaux, avec plusieurs personnes d'une condition distinguée: Racine, entre autres, et Boileau le docteur. On y parlait depuis longtemps de Saint-Augustin et de ses ouvrages ; mais *La Fontaine*, tranquille et silencieux, n'avait point encore pris part à cette conversation, lorsque s'éveillant tout-à-coup au nom de Saint-Augustin, *croyez-vous*, s'écria-t-il, en s'adressant à l'abbé Boileau, *que Saint-Augustin eût plus d'esprit que Rabelais ?* Le docteur interdit de la question, et le parcourant des yeux avec surprise, *prenez garde*, répondit-il, *M. de La Fontaine*, *vous avez un de vos bas à l'envers*. Ce qui était vrai.

BIBLIOTHÈQUE IMPÉRIALE IMPR.

Le père *Poujet*, vicaire de Saint-Roch, étant venu voir *La Fontaine*, lors de sa dernière maladie, fit tomber insensiblement la conversation sur la religion, et sur les preuves qu'on en tire, tant de la raison que des livres saints. Sans se douter du but de ses discours, *je me suis mis*, lui dit *La Fontaine* avec sa naïveté ordinaire, *depuis quelques temps à lire le nouveau testament : je vous assure*, ajouta-t-il, *que c'est un fort bon livre ; oui, par ma foi, c'est un fort bon livre, mais il y a un article sur lequel je ne me suis pas rendu ; c'est l'éternité des peines : je ne comprends pas*, dit-il, *comment cette éternité peut s'accorder avec la bonté de Dieu.*

La Fontaine, passionné pour les elles-lettres, était incapable des conversations ordinaires ; son indifférence allait jusqu'à l'oubli de lui-même et des objets qui le regardaient de plus près. Il eut un fils en 1660, qu'il garda fort peu de temps auprès de lui. M. *Harlai*, premier président, l'avait adopté, et s'était chargé de son éducation et de sa fortune. Il y avait déjà plusieurs années que *La Fontaine* l'avait perdu de vue, lorsqu'on les fit se rencontrer dans une maison où l'on voulait jouir du plaisir et de la surprise du père. *La Fontaine*, en effet, ne se douta point que ce fût son fils; il l'entendit parler, et témoigna à la compagnie qu'il lui trouvait de l'esprit et de très-bonnes dispositions. L'on saisit ce moment pour lui dire que c'était son fils, mais sans être plus ému: *Ah! répondit-il*, *j'en suis bien aise.*

L'indifférence de *La Fontaine* allait jusqu'à l'insensibilité. Un jour mademoiselle Bouillon allant à Versailles le rencontra le matin, qui rêvait seul sous un arbre du cours. Le soir, en revenant, elle le retrouva dans le même endroit et dans la même attitude, quoiqu'il fît très-froid, et qu'il n'eût cessé de pleuvoir toute la journée.

Un capitaine de dragons, nommé *Poignan*, retiré à Château-Thierry, vieux militaire, par conséquent homme d'habitude, avait pris en affection la maison de *La Fontaine*, et consommait auprès de sa femme le loisir et l'ennui qu'il ne savait où porter. Cet officier n'était rien moins que galant, et son âge autant que son humeur pouvait mettre à l'abri des ombrages un mari même soupçonneux et jaloux. Cependant, soit par malignité, soit pour s'en divertir, on en fit de mauvais rapports à notre poète. Son caractère simple et crédule ne lui permit point de rien examiner, de rien approfondir ; il écouta tous les discours et crut même que son honneur exigeait qu'il se battît avec *Poignan*. Saisi de cette idée, il part dès le grand matin, arrive chez son homme, l'éveille, le presse de s'habiller et de sortir avec lui. *Poignan*, surpris de cette sortie, et n'en prévoyant pas le but, le suit. Ils arrivent dans un endroit écarté, hors des portes de la ville, *je veux me battre avec toi*, lui dit *La Fontaine*, *on me le conseille;* et après lui en avoir expliqué les raisons, sans attendre la réponse de Poignan, il met l'épée à la main, et le force d'en faire de même. Le combat ne fut pas long. Poignan, sans abuser des avantages que l'exercice des armes pouvait lui avoir donnés sur son adversaire, lui fit sauter d'un coup l'épée de la main et en même temps sentir le ridicule de son cartel. Cette satisfaction parut suffisante à *La Fontaine*. Poignan le ramena chez lui, où ils achevèrent, en déjeûnant, de mieux s'entendre et de se réconcilier.

Après ce combat, comme *Poignan* protestait de ne plus remettre les pieds chez lui, puisque cela avait pu lui donner quelque inquiétude, La Fontaine lui répartit en lui serrant la main, *au contraire, j'ai fait ce que le public voulait; maintenant je veux que tu viennes chez moi tous les jours, sans quoi je me battrai encore avec toi.*

La Fontaine, toujours préoccupé, devait être sujet à des distractions. Parmi plusieurs distractions, on rapporte qu'il portait depuis deux jours un habit neuf, sans s'en être aperçu, lorsqu'un de ses amis qu'il rencontra dans la rue, vint lui causer une grande surprise, en lui en faisant son compliment. C'était madame d'Hervard qui, à l'insu de notre poète, avait fait mettre cet habit dans sa chambre, à la place de celui qu'il portait ordinairement.

Une autrefois il oublia d'avoir été à l'enterrement d'une personne, chez laquelle il arriva pour dîner avec quelques amis qui s'étaient embarqués sous sa conduite. Mais le portier lui ayant dit que son maître était mort depuis huit jours : Ah ! répondit *La Fontaine* avec étonnement, je ne croyais pas qu'il y eût si longtemps.

Ce qui prouve la simplicité des mœurs de *La Fontaine*, c'est l'idée qu'avaient de sa personne ceux qui le servaient. Dans sa maladie, la garde qui était auprès de lui, voyant avec quel zèle on l'exhortait à la pénitence, dit un jour au P. Poujet : *Eh ! ne le tourmentez pas tant ; il est plus bête que méchant. Dieu n'aura jamais*, dit-elle une autrefois, *le courage de le damner*.

La Fontaine préférait les fables des anciens aux siennes, ce qui faisait dire à *Fontenelle : La Fontaine est assez bête pour croire que les anciens ont plus d'esprit que lui*. Mot plaisant, dit *Lamotte*, mais solide, et qui exprime finement le caractère d'un génie supérieur qui se méconnaît, faute de se regarder avec assez d'attention. En lisant les fables de cet auteur, on y remarque un génie si facile, que l'on dirait qu'elles sont tombées de sa plume : c'est ce qui le fait appeler un fablier par madame de la *Sablière*, comme on appelle *pommier* l'arbre qui porte des pommes. Cette femme d'esprit qui le logeait, dit un jour, après avoir congédié ses domestiques : *Je n'ai gardé avec moi que mes trois animaux, mon chien, mon chat et mon La Fontaine.*

La Fontaine a plus de droit au titre de philosophe que ceux qui l'ont usurpé. Une seule de ses fables renferme plus de vraie philosophie, qu'ils n'en ont répandu dans tous les ouvrages dont ils ont fatigué et fatiguent journellement le public. Il est vrai que la philosophie du fabuliste ne ressemble en rien à cette manie audacieuse qui tourmente, dégrade et ruine l'humanité, en prétendant l'instruire ; elle est puisée au contraine dans la saine raison, présentée avec décence, avec intérêt ; elle est toujours d'accord avec la politique et la vertu. On en peut juger par les traits suivants :

Ni l'or ni la grandeur ne nous rendent heureux ;
Ces deux divinités n'accordent à nos vœux
Que des biens peu certains, qu'un plaisir peu tranquille ;
Des soucis dévorants c'est l'éternel asile,
Véritable vautour, que le fils de *Japhet*
Représente enchaîné sur son triste sommet.
L'humble toit est exempt d'un tribut si funeste ;
Le sage y vit en paix et méprise le reste.
Content de ses douceurs, errant parmi les bois,
Il regarde à ses pieds les favoris des rois :
Il lit au front de ceux qu'un vain luxe environne,
Que la fortune vend ce qu'on croit qu'elle donne.
Approche-t-il du but, quitte-t-il ce séjour ?
Rien ne trouble sa fin, c'est le soir d'un beau jour.

Les vertus devraient être sœurs,
Ainsi que les vices sont frères ;
Dès que l'un de ceux-ci s'empare de nos cœurs,
Tous viennent à la file, il ne s'en manque guères ;
J'entends de ceux qui n'étant pas contraires,
Peuvent loger sous un même toit.
A l'égard des vertus, rarement on les voit
Toutes en un sujet éminemment placées,
Se tenir par la main sans être dipersées.
L'un est vaillant, mais prompt ; l'autre est prudent, mais froid, etc.

Il faut autant qu'on peut obliger tout le monde
On a souvent besoin d'un plus petit que soi.

La ruse la mieux ourdie
Peut nuire à son inventeur ;
Et souvent la perfidie,
Rétourne sur son auteur.

Il ne se faut jamais moquer des misérables,
Car qui peut se flatter d'être toujours
heureux.

Ne soyez à la cour, si vous voulez y plaire,
Ni fade adulateur, ni parleur trop sincère.

Chacun tourne en réalité
Autant qu'il peut ses propres songes :
L'homme est de glace aux vérités
Il est de feu pour le mensonge.

Il serait aisé de pousser plus loin les citations. On peut donc dire de *La Fontaine*, qu'en qualité de philosophe, il à connu la vraie sagesse et l'art de la faire aimer, comme on a dit de lui en qualité de poète:

Il peignit la nature et garda les pinceaux.

Lorsque *La Fontaine* fut reçu à l'académie française, l'abbé *de la Chambre*, qui était alors directeur, prit la parole, et s'adressant à notre fabuliste, lui dit :

« L'académie reconnaît en vous, mon-
» sieur, un de ces excellents ouvriers, un
» de ces fameux artisans de la belle gloi-
» re, qui va la soulager dans les travaux
» qu'elle a entrepris pour l'ornement de la
» France, et pour perpétuer la mémoire
» d'un règne si fécond en merveilles.

» Elle reconnaît en vous un génie aisé
» et facile, plein de délicatesse et de
» naïveté, quelque chose d'original, et
» qui, dans sa simplicité apparente, et
» sous un air négligé, renferme de grands
» trésors et de grandes beautés. »

La Fontaine, dans ses fables, non-seulement a ouï dire ce qu'il raconte, il croit le voir encore. Ce n'est pas un poëte qui imagine, ce n'est pas un conteur qui plaisante; c'est un témoin présent à l'action, et qui veut vous y rendre présent vous-même: son érudition, son éloquence, sa philosophie, sa politique, tout ce qu'il a d'imagination, de mémoire et de sentiment, il met tout en œuvre de la meilleure foi du monde pour vous persuader; et ce sont tous ces efforts, c'est le sérieux avec lequel il mêle les plus grandes choses avec les plus petites, c'est l'importance qu'il attache à des jeux d'enfants, c'est l'intérêt qu'il prend pour une belette et un lapin, qui font quand on est tenté de s'écrier à chaque instant, *le bon homme!* On le disait de lui dans la société: *Son caractère n'a fait que passer dans ses fables.* C'est du fond de ce caractère que sont émanés ces tours si naturels, ces expressions si naïves, ces images si fidèles; et quand Lamotte a dit:

Du fond de sa cervelle un trait naïf s'arrache,

Ce n'est pas certainement le travail de *La Fontaine* qu'il a peint.

S'il raconte la guerre des vautours, son génie s'élève. *Il pleut du sang:* cette image lui paraît encore faible; il ajoute pour exprimer la dépopulation:

Et sur son roc Prométhée espéra
De voir bientôt une fin à sa peine.

La querelle des deux coqs pour une poule lui rappelle ce que l'amour a produit de plus funeste:

Amour tu perdis Troie.

Deux chèvres se rencontrent sur un pont trop étroit pour y passer ensemble; aucune des deux ne veut reculer; il s'imagine voir:

Avec Louis le Grand
Philippe quatre qui s'avance
Dans l'île de la conférence.

Un renard est entré la nuit dans un poulailler :

Des marques de sa cruauté
Parurent avec l'aube. On y vit un étalage
De corps sanglants et de carnage ;
Peu s'en fallut que le soleil
Ne rebroussât d'horreur vers le manoir liquide, etc.

S'il veut peindre les désastres de la peste, il a le style de la chose :

Un mal qui répand la terreur,
Mal que le ciel en sa fureur
Inventa pour punir les crimes de la terre.
. . . .
Les tourterelles se fuyaient ;
Plus d'amour, partant plus de joie.

Il évite avec soin tout ce qui à l'air de

la plaisanterie ; s'il lui en échappe quel que trait, il a grand soin de l'émousser :

A ces mots l'animal pervers,
C'est le serpent que je veux dire.

Voilà une excellente épigramme ; et l poète s'en serait tenu là, s'il avait voul être fin ; mais il voulait être, ou plutôt i était naïf ; il a donc achevé,

C'est le serpent que je veux dire,
Et non l'homme; on pourrait aisément s'
tromper

De même dans ces vers qui terminent l fable du rat solitaire.

Que désigné-je, à votre avis,
Par ce rat si peu secourable ?
Un moine ? Non, mais un dervis ;

Il ajoute :

Je suppose qu'un moine est toujours cha
ritable

Fontain.

La finesse du style consiste à se laisser deviner ; la naïveté à dire tout ce qu'on pense.

La Fontaine nous fait rire, mais à ses dépens, et c'est sur lui-même qu'il fait tomber le ridicule. Quand pour rendre raison de la maigreur d'une belette, il observe qu'*elle sortait de maladie;* quand, pour expliquer comment un cerf ignorait une maxime de Salomon, il nous avertit que *ce cerf n'était pas accoutumé de lire;* quand, pour nous prouver l'expérience d'un vieux rat, et les dangers qu'il avait courus, il remarque qu'*il avait même perdu sa queue à la bataille;* quand, pour nous peindre la bonne intelligence des chiens et des chats, il nous dit :

Ces animaux vivaient entre eux comme cousins ;
Cet union si douce et presque fraternelle,
Edifiait tous les voisins.

Nous rions, mais de la naïveté du poète; et c'est à ce piège si délicat que se prend notre vanité.

Le premier soin d'un fabuliste doit être de paraître persuadé, le second de rendre sa persuasion amusante; le troisième, de rendre cet amusement utile.

. . . . . *Pueris dant crustula blandi*
Doctores, elementa velint ut discere prima.

La Fontaine seul a rempli ces trois conditions. On lit toutes ses fables, on jette les yeux sur quelques unes de Lamotte, et on ne sait que par les petites affiches que l'abbé Aubert a fait des fables.

Personne n'était plus retenu que *La Fontaine* devant les femmes qu'il aimait et qu'il respectait beaucoup, ni plus réservé ni plus circonspect dans les conversations même les plus familières et les plus libres. Lorsqu'il était obligé d'aller dans quelques compagnies où l'on exigeait le récit de quelques fables ou de quelques contes, il s'en excusait modestement sur son incapacité à les bien rendre, et sur son défaut de mémoire. S'il était davantage pressé, il présentait à sa place un nommé *Caches* qu'il menait souvent avec lui, et qui prenant aussitôt la parole, s'acquittait très-bien de ces sortes de commissions.

La Bruyère, dans ses *Caractères*, a dit de *La Fontaine* :

« Il y a dans le monde quelque chose
» d'incompréhensible. Un homme paraît
» grossier, lourd, stupide, il ne sait pas

» parler, ni raconter ce qu'il vient de voir:
» s'il se met à écrire, c'est le modèle des
» bons contes; il fait parler les animaux,
» les astres, les pierres, tout ce qui
» ne parle point: ce n'est que légèreté,
» qu'élégance, que beau naturel et que dé-
» licatesse dans ses ouvrages. »

On prétend que le même La Bruyère, en traçant le portrait du distrait, a rappelé plusieurs traits personnels à *La Fontaine*, et entr'autres celui-ci:

« Une autre fois il rend visite à une
» femme et se persuadant bientôt que c'est
» lui qui la reçoit, il s'établit dans son
» fauteuil, et ne songe nullement à
» l'abandonner: il trouve ensuite que cette
» dame fait ses visites longues, il attend
» à tous moments qu'elle se lève et le
» laisse en liberté: mais comme cela tire

» en longueur, qu'il a faim et que la nuit » est déjà avancé, il la prie à souper ; elle » rit, et si haut qu'elle le réveille. »

Pour réussir dans un genre, il faut pour ainsi dire l'embrasser avec idolâtrie. Voici comme *La Fontaine* parle du sien :

L'apologue est un don qui vient des immortels,
Ou si c'est un présent des hommes
Quiconque nous l'a fait mérite des autels :
Nous devons tous tant que nous sommes,
Eriger en divinité
Le sage par qui fut ce bel art inventé.
C'est proprement un charme; il rend l'âme attentive,
Ou plutôt il la captive,
Nous attachant à des récits
Qui mènent à son gré les cœurs et les esprits

La Fontaine était trop *bonhomme* pour aimer la satyre, surtout dans la bouche des écrivains médiocres. Il termine sa fable de la *Lime* et du *Serpent* par cette fine moralité.

Ceci s'adresse à vous, esprits du dernier ordre,
Qui n'étant bons à rien cherchez surtout à mordre,
Vous vous tourmentez vainement;
Croyez-vous que vos dents impriment leurs outrages
Sur tant de beaux ouvrages?
Ils sont pour vous d'airain, d'acier, de diamant.

La Fontaine, s'étant un jour laissé enduire à ténèbres par Racine, s'ennuya de la longueur de l'office; il se mit à lire dans un volume de la bible qui contenait les petits prophètes. Il était tombé par hasard sur la prière des Juifs dans Baruch, lorsque se retournant tout à coup vers Racine : *Qui était ce Baruch?* lui dit-il, *savez-vous que c'était un beau génie?* Pendant plusieurs jours il fut continuellement occupé de Baruch, et ne se lassait point de demander à tous ceux qu'il rencontrait : *Avez-vous lu Baruch ? c'était un grand génie.* Ce trait, qui dans tout autre aurait indiqué une sotte surprise, caractérisait la préoccupation naturelle dont l'esprit de La Fontaine était susceptible, et la forte impression qu'il recevait des objets sur lesquels il avait une fois fixé son attention.

C'est en s'amusant de son talent, en conversant avec ses bons amis les animaux, qu'il parvenait à charmer ses lecteurs, auxquels peut-être il ne songeait guères; c'est par cette disposition qu'il devint un conteur si parfait. Il prétend quelque part que *Dieu mit au monde Adam le nomenclateur*, *en lui disant : Te voilà ; nomme.* On pourrait dire que *Dieu mit au monde La Fontaine le conteur*, *en lui disant : conte.*

Le bruit ni les discours ne pouvaient troubler la léthargie apparente de *La Fontaine.* Il était aussi difficile de l'en tirer, que d'interrompre dans sa conversation le fil des idées dont il était une fois animé. Dans un repas qu'il fit avec Molière et Despréaux, où l'on disputait sur le genre dramatique, il se mit à condamner les *à parté. Rien*, disait-il, *n'est plus contraire au bon sens. Quoi! le parterre entendra ce qu'un acteur n'entend pas, quoiqu'il soit à côté de celui qui parle!* Comme il s'échauffait en soutenant son sentiment de façon qu'il n'était pas possible de l'interrompre et de lui faire entendre un mot : *il faut*, disait Despréaux à haute voix, tandis qu'il parlait ; *il faut que La Fontaine soit un grand coquin, un grand maraud*, et répétait continuellement les mêmes paroles, sans que *La Fontaine* cessât de disserter. Enfin l'on éclata de rire : sur quoi revenant à lui comme d'un rêve interrompu : *De quoi riez-vous donc?* demanda-t-il : *Comment*, lui répondit Despréaux, *je m'épuise à vous injurier fort haut, et vous ne m'entendez point, quoique je sois si près de vous que je vous touche ; et vous êtes surpris qu'un acteur sur le théâtre n'entende point un à parté*, qu'un autre acteur dit à côté de lui.

Lorsque madame *La Fontaine* se fut retirée à Château-Thierry, Racine et Despréaux représentèrent à notre poète que cette séparation n'était pas décente et ne lui faisait point honneur : ils lui conseillèrent un raccommodement. *La Fontaine*, sans délibérer, partit; il se rendit en droiture chez sa femme: mais le domestique de la maison qui ne le connaissait point, lui dit que madame *La Fontaine* était au salut. Ennuyé d'attendre, il fut voir un de ses amis qui le retint à souper. La Fontaine, bien régalé, oublia sa mission; et sans songer à sa femme, se remit le lendemain dans la voiture publique, et revint à Paris. Ses amis, en le voyant, s'empressèrent de lui demander le succès de son voyage : *J'ai été pour voir ma femme*, leur dit-il, *mais je ne l'ai point trouvée; elle était au salut.*

On a souvent répété qne *La Fontaine* n'avait rien inventé. Il a inventé sa manière d'écrire, et cette invention n'est pas devenue commune; elle lui est demeurée toute entière, il en a trouvé le secret et l'a gardé. Il n'a été dans son style, ni imitateur, ni imité : c'est là son mérite.

La Fontaine fit un voyage en Limousin dont il adressa la relation à son épouse. Elle est en vers et en prose, et ce n'est pas une des meilleures pièces de notre fabuliste ; cependant malgré tous ses défauts, on reconnaît toujours le conteur *La Fontaine*, témoin la description suivante de la ville de *Richelieu :*

Enfin elle est à mon avis
Mal située et bien bâtie ;
On en a faits tous les logis
D'une pareille symétrie.
Ce sont des bâtiments fort hauts,
Leur aspect vous plairait sans faute,
Les dedans ont quelques défauts,
Le plus grand, c'est qu'ils manquent d'hôtes.
La plupart sont inhabités,
Je ne vis personne en la rue,

Il m'en déplut, j'aime aux cités
Un peu de bruit et de cohue.
J'ai dit la rue, et j'ai bien dit,
Car elle est seule et des plus droites ;
Que Dieu lui donne le crédit
De se voir un jour des cadettes.
Vous vous souviendrez bien et beau
Qu'à chaque bout est une place,
Grande, carrée et de niveau,
Ce qui sans doute a bonne grâce.
C'est aussi tout, mais c'est assez ;
De savoir si la ville est forte
Je m'en rapporte à ses fossés,
Murs, parapets, remparts et porte.

Épitaphe d'un grand parleur.

Sous ce tombeau pour toujours dort
Paul, qui toujours contait merveilles ;
Louanges à Dieu, repos au mort,
Et paix sur terre à nos oreilles.

Malgré l'apparente apathie de notre poète, quand on le faisait sortir de ses rêveries, et qu'on pouvait l'intéresser à la conversation, il montrait autant de chaleur et d'esprit que ceux qui, d'ordinaire, en faisaient l'objet de leurs railleries; et il y avait un moment où Boileau criait : Gare *La Fontaine.*

Rarement *La Fontaine* commençait la conversation; et même, pour l'ordinaire, il y était si distrait, qu'il ne savait ce que disaient les autres. Il rêvait à toute autre chose, sans qu'il eut pu dire à quoi il rêvait. *Vigneule Marville* parle dans ses *mélanges* d'une occasion où il se trouva avec lui, et où il ne démentit point ce caractère.

« Trois de complot, dit-il, par le moyen » d'un quatrième qui avait quelque habi- » tude auprès de cet homme rare, nous » l'attirâmes dans un petit coin de la ville, » à une maison consacrée aux muses, où » nous lui donnâmes un repas, pour avoir

» le plaisir de jouir de son agréable en-
» tretien. La compagnie était bonne, la
» table propre et délicate, et le buffet bien
» garni. Point de compliment d'entrée,
» point de façons, nulle grimace, nulle
» contrainte. *La Fontaine* garda un pro-
» fond silence; et on ne s'en étonna point,
» parce qu'il avait autre chose à faire qu'à
» parler. Il mangea comme quatre et but
» de même. Le repas fini, on commença à
» souhaiter qu'il parlât; mais il s'endor-
» mit. Après trois quarts d'heure de som-
» meil, il revint à lui; il voulait s'excuser
» sur ce qu'il était fatigué. On lui dit que
» cela ne demandait point d'excuse, que
» tout ce qu'il faisait était bien fait. On
» s'approche de lui; on voulut le mettre
» en humeur, et l'obliger à laisser voir
» son esprit, mais son esprit ne parut pas.
» Il était allé je ne sais où, et peut-être
» alors animait-il ou une grenouille dans les

» marais, ou une cigale dans les prés, ou
» un renard dans sa tanière ; car durant
» tout le temps que *La Fontaine* demeura
» avec nous, il ne nous sembla être
» qu'une machine sans âme. On le jeta
» dans un carrosse, et nous lui dîmes
» adieu pour toujours. Jamais gens ne
» furent plus surpris, et nous nous disions
» les uns aux autres : Comment se peut-il
» faire qu'un homme qui a su rendre spi-
» rituelles les plus grosses bêtes du mon-
» de; et leur faire parler le plus joli lan-
» gage qu'on ait jamais ouï, ait une con-
» versation si sèche, et ne puisse pas
» pour un quart d'heure faire venir son
» esprit sur ses lèvres, et nous avertir
» qu'il est là? »

Un fermier général avait invité chez lui *La Fontaine* à dîner, dans la persuasion qu'un auteur dont tout le monde admirait les contes, ne pouvait manquer de faire les amusements de la société. *La Fontaine* mangea, ne parla point, et se leva de fort bonne heure, sous prétexte de se rendre à l'académie. On lui représenta qu'il n'était pas encore temps : *Je le sais bien*, répondit-il, *aussi je prendrai le plus long.*

La Fontaine a imité quelques odes d'Anacréon. Entre celles où l'imitateur s'est rapproché de son original, et même l'a égalé, on cite avec éloge la suivante :

J'étais couché mollement,
Et contre mon ordinaire,
Je dormais tranquillement;
Quand un enfant s'en vint faire
A ma porte quelque bruit.
Il pleuvait fort cette nuit;
Le vent, le froid et l'orage
Contre l'enfant faisaient rage.
Ouvrez, dit-il, je suis nu.
Moi, charitable et bon homme,
J'ouvre au pauvre morfondu,

Je m'enquière comme il se nomme,
Je te le dirai tantôt,
Répartit-il ; car il faut
Qu'auparavant je m'essuie.
J'allume aussitôt du feu.
Je regarde si la pluie
N'a point gâté quelque peu
Un arc dont je me méfie.
Je m'approche toutefois,
Et de l'enfant prend les doigts,
Les réchauffe, et dans moi-même
Je dis : pourquoi craindre tant
Que peut-il ? c'est un enfant
Ma couardise est extrême
D'avoir eu le moindre effroi;
Que serait-ce si chez moi
J'avais reçu Polyphême ?
L'enfant, d'un air enjoué,
Ayant un peu secoué
Les pièces de son armure,
Et sa blonde chevelure,
Prend un trait, un trait vainqueur
Qu'il me lance au fond du cœur.
Voilà, dit-il, pour ta peine,
Souviens-toi bien de Climène
Et de l'Amour ; c'est mon nom.
Ah ! je vous connais, lui dis-je,
Ingrat et cruel garçon,
Faut-il que qui vous oblige

Soit traité de la façon?
Amour fit une gambade,
Et le petit scélérat
Me dit : pauvre camarade,
Mon arc est en bon état;
Mais ton cœur est bien malade.

———

Racine et Despréaux, avec lesquels *La Fontaine* était extrêmement lié, s'amusaient quelquefois à ses dépens : aussi l'appelaient-ils le *bonhomme*, quoiqu'ils connussent bien d'ailleurs tout ce qu'il valait. Une fois, entr'autres, qu'ils étaient à souper chez Molière, avec Descoteaux, célèbre joueur de flûte, *La Fontaine* y parut plus rêveur et plus concentré en lui-même qu'à l'ordinaire. Pour le tirer de sa distraction, Despréaux et Racine qui était naturellement porté à la raillerie, se mirent à l'agacer par différents traits plus vifs et plus piquants les uns que les autres; mais *La Fontaine* ne s'en déconcerta point.

Ils avaient cependant poussé si loin la raillerie, que Molière, touché de la patience de *La Fontaine*, ne put s'empêcher d'en être piqué pour lui, et de dire à Descoteaux, en le tirant à part au sortir de table : *Nos beaux esprits ont beau se trémousser, ils n'effaceront pas le bonhomme.*

La Fontaine travaillait partout où il se trouvait ; tous les endroits lui étaient indifférents : il n'eut jamais de cabinet particulier, ni de bibliothèque. La seule décoration qui lui vint en fantaisie, fut celle d'environner l'intérieur d'un cabinet de toutes les figures en plâtre et en terre cuite, des anciens philosophes qu'il put rassembler ou faire jeter en moule. Cet assemblage le divertissait : il appelait ce réduit la *chambre des philosophes*.

Lorsque *La Fontaine* publia son livre des amours de *Psyché* et de *Cupidon*, la malignité de quelques courtisans voulut insinuer à plusieurs personnes qu'il avait eu en vue certaines amours de Louis XIV. L'on crut y découvrir des traits de plaisanterie et de satyre, qui, sans être même voilés par la fiction, s'appliquaient exactement à ce monarque. Le goût de ces commentaires et la fausse clé de cette prétendue énigme commençait à s'accréditer, lorsque *La Fontaine*, qui ne s'apercevait de rien; et qui n'avait eu aucune mauvaise intention, fut tout-à-coup effrayé par les avertissements de ses amis, et par la conséquence de ces bruits. Il courut faire part de ses craintes au duc de Saint-Aignan, l'un des favoris de Louis XIV, qui, sans adopter entièrement ses excuses, en eut cependant compassion, et promit de le tirer d'affaire. *Faites relier*, lui dit ce seigneur, *un exemplaire de cet ouvrage. Je vous introduirai chez le roi, dans le moment qu'il sera le plus environné de courtisans; vous lui présenterez vous même votre livre, et soyez persuadé qu'après cette démarche il n'y aura plus d'interprétations.* Ce projet eut le succès qu'on en attendait : chacun se tut, et *La Fontaine* reprit sa tranquillité ordinaire.

Epigramme contre madame Colletet qui faisait des vers pendant le vivant de son mari, et qui n'en fit plus après sa mort.

Les oracles ont cessé ;
Colletet est trépassé ;
Dès qu'il eut la bouche close,
Sa femme ne dit plus rien ;
Elle enterra vers et prose
Avec le pauvre chrétien.

En cela je plains son zèle ;
Et ne sais au par-dessus,
Si les grâces sont chez elle ,

Mais les muses n'y sont plus.
Sans gloser sur le mystère
Des madrigaux qu'elle a faits,
Ne lui parlons désormais
Qu'en la langue de sa mère.
Les oracles ont cessé,
Colletet est trépassé.

Le Colletet dont parle ici *La Fontaine*, est le même dont Boileau a dit :

. . . . . . Crotté jusqu'à l'échine,
Va chercher son dîner de cuisine en cuisine.

Patru (1), célèbre avocat au parlement de Paris, et membre de l'académie française, voulut détourner *La Fontaine* de

(1) Il serait bien à désirer qu'il s'élevât dans le siècle présent quelque nouveau *Patru*, qui voulut détourner de la carrière tant de nos bénévoles auteurs qui, suivant l'expression même de Frédéric II,

. . . . Font pleuvoir,
Un déluge de mots sur un désert d'idées.

faire des fables ; il ne croyait pas qu'on pût égaler en français la briéveté de *Phèdre*. Heureusement notre fabuliste ne suivit pas les conseils de *Patru*, et voici à peu près la réponse qu'il fit aux objections de cet académicien, dans une préface qui est à la tête de ses fables :

« Ce n'est pas, dit-il, qu'un des maî-
» tres de notre éloquence n'ait désapprou-
» vé le dessein de mettre les fables de
» *Phèdre* en vers ; il a cru que leur prin-
» cipal ornement est de n'en avoir aucun :
» que d'ailleurs la contrainte de la poésie,
» jointe à la sévérité de notre langue,
» m'embarrasseraient en beaucoup d'en-
» droits, et baniraient de la plupart de ces
» récits la briéveté, qu'on peut fort bien
» appeler l'âme du conte, puisque sans
» elle il faut nécessairement qu'il lan-
» guisse. Cette opinion ne saurait partir
» que d'un homme d'un excellent goût ; je

» demanderais seulement qu'il en relachât » quelque peu, et qu'il crût que les grâ- » ces lacédémoniennes ne sont pas telle- » ment ennemies des muses françaises, » que l'on ne puisse souvent les faire mar- » cher de compagnie. »

Racine le fils, dans ses mémoires, rapporte que *La Fontaine*, après avoir mangé son bien, conserva toujours son caractère de désintéressement; il entrait à l'académie française, et la barre étant tirée au bas des noms, il ne devait pas, suivant l'usage, avoir part aux jetons de la séance. Les académiciens qui l'aimaient tous, dirent d'un commun accord, qu'il fallait en sa faveur, faire une exception à la règle. *Non, messieurs*, leur dit-il, *cela ne serait pas juste; je suis venu trop tard, c'est ma faute.* Ce qui fut d'autant mieux remarqué, qu'un moment auparavant un académicien, extrêmement riche, et qui, logé au Louvre, n'avait que la peine de descendre de son appartement pour venir à l'académie, en avait entr'ouvert la porte, et ayant vu qu'il arrivait trop tard, avait refermé la porte et était remonté chez lui.

Parmi les épitaphes qui furent faites à la mort de *La Fontaine*, une seule a surnagé sur le fleuve de l'oubli. C'est celle que ce fabuliste s'est composée lui-même : elle donne une idée juste du caractère et de la tournure d'esprit du *bonhomme:*

Jean s'en alla comme il était venu,
Mangeant son fonds après son revenu,
Et crut les biens chose peu nécessaire.
Quant à son temps pour bien le dispenser;
Deux parts en fit, dont il saoulait passer,
L'une à dormir et l'autre à ne rien faire.

ÉLOGE DE LA GALE

ATTRIBUÉ

A JEAN DE LA FONTAINE (*).

On ne saurait parler plus agréablement qu'on le fait dans cette pièce, d'une chose aussi désagréable que ce mal.

On vint m'apprendre l'autre jour
Une nouvelle assez fatale.
On dit que le printemps, dont le charmant retour
Produit en tous lieux de l'amour,

(*) Quelques-uns assurent que cette pièce n'est pas de Jean de La Fontaine. Nous partageons cette opinion.

(*Note de l'Imprimeur-Editeur.*)

N'a produit chez toi que la gale,
Et que contre ce vilain tour
Ta colère était sans égale.
Il est vrai qu'aussi tout d'abord
J'en sentis un peu de colère,
Mais en rêvant sur cette affaire
Je reconnus que j'avais tort;
Et si j'avais un choix à faire,
J'aimerais, mais de beaucoup mieux,
Avoir ce mal qu'être amoureux.
Car l'amour est un mal étrange,
Et devant un objet charmant,
On se gratte le plus souvent
Toute autre part qu'il ne démange.
Le feu secret de ce poison
Nous cause une démangeaison,
Qui fait qu'en se grattant d'autant plus on s'enflamme;
C'est la gangrène de notre âme,
C'est le farcin de la raison.
Oui, la gale vaut mieux, et sans comparaison;
Et toi-même tu vas le croire;
Car j'espère te faire voir,
Que l'on doit trouver à l'avoir
Et du plaisir et de la gloire.
Çà, commençons par le plaisir.
Quel plaisir, quelle joie égale

Celle de visiter sa gale,
Lorsqu'on en a quelque loisir ?
Deux mains diversement fleuries,
Par cent objets divers viennent plaire à nos
Et ces objets délicieux yeux,
Valent au moins les Tuileries.
Il n'est parterres, ni prairies,
Où les couleurs éclatent mieux.
On voit mille cirons, jaunes, blancs,
rouges, bleus,
Disputer de brillant avec les pierreries ;
Et de la gale vient le nom de galeries,
Bien véritablement et sans plaisanteries,
Pour la diversité des objets curieux,
Dont les regards sont charmés en ces lieux.
C'est encor de la gale même
Que la galanterie est appelée ainsi,
Par une ressemblance extrême,
Que je vais te décrire ici.
Un galeux a l'âme ravie
D'appaiser sans témoins, et selon son envie,
La démangeaison de la chair.
. . . .
. . . .
. . . .
Mais quand et galants et galeux
Trouvent trop de gens auprès d'eux,
Leur passion est à la gêne

Ni galant ni galeux à rien ne peut toucher,
Chacun tâche à cacher le penchant qui l'entraîne ;
Mais souvent leur contrainte est vaine,
La gale ni l'amour ne se peuvent cacher.
Après qu'un galeux de la vue
A parcouru ses belles mains,
(Car tous les soirs et les matins
Il goûte le plaisir d'en faire la revue)
Après que ses regards ont su le contenter,
S'ensuit le plaisir de gratter.
Or pour t'en exprimer la douceur nonpareille,
J'ai beau rêver et gratter mon oreille ;
J'ai beau ronger et ma plume et mes doigts;
Tu la sentiras mieux vingt fois,
Que ne le décrirait Corneille.
Mais pendant que je suis en train,
De parler d'étymologie,
Celle du mot gratter vaut une apologie,
Gratter vient de *gratus*, il n'est rien plus certain,
Et *gratus* est un mot latin,
Lequel mot en français signifie agréable ;
Vois donc si je suis véritable,
Et si la dérivation
N'est pas une conclusion,
Qu'il n'est rien de plus délectable :

Tu dois en concevoir toute la volupté
Passons maintenant à la gloire.
Un galeux est partout distingué, respecté,
Comme un homme de qualité.
Par exemple, veut-il manger ou boire,
Il a toujours son fait à part,
Toujours son verre est à l'écart;
Aucun ne le profane et n'y porte la bouche,
On n'ose toucher ce qu'il touche.
C'est un titre si beau que celui de galeux,
Qu'il est craint de toute la terre;
On voit même qu'en Angleterre,
Les fils aînés des rois s'en tiennent glorieux :
On les nomme princes de Galles;
Et tu peux te vanter, comme eux,
De prérogatives royales.
De plus, la gale de tout temps
Fut un symbole de sagesse.
Un proverbe de vieilles gens,
Déjà tout usé de vieillesse,
En prouve fort bien la noblesse :
Tout ainsi que trop gratter cuit,
Tout de même trop parler nuit.
Tu connais bien par ce langage,
Que la gale rend l'homme sage,
Qu'elle instruit de bonne façon,
Et qu'avec la philosophie
Elle a très-grande sympathie,

Puisque toutes les deux font la même leçon,
Mais comme trop parler peut nuire,
Je commence à m'apercevoir
Que je ne fais pas mon devoir ;
Qu'on fatigue les gens quand on en veut trop dire,
Et qu'il est temps de réprimer
La démangeaison de rimer;
Aussi bien suis-je las d'écrire.
Est sage qui de trop s'abstient,
Je finis donc pour être sage,
Et finis par un autre adage,
Dont à propos il me souvient ;
Ami, rejouis toi, car la gale te vient.

FIN DU FONTAINIANA.

Lille. — Typ. de Blocquel.

EN VENTE

CHEZ DELARUE, LIBRAIRE-ÉDITEUR,

quai des Augustins, 11, à Paris;

CHEZ BLOCQUEL-CASTIAUX, A LILLE,

et chez les principaux libraires de la France,

et de la Belgique, les ouvrages ci-après:

ACADEMIE DES JEUX, contenant la règle des jeux de Cartes, Billards, Domino, Echecs, Dames, etc, par *Richard*, belle édition in-12, Paris. 1 25

AIDE MEMOIRE à l'usage des élèves et des amateurs de la *peinture orientale*, orné d'un tableau colorié (mélange de couleurs), in-18. 1 »

L'ALBUM DU CHASSEUR, in-18, gravures et vignettes, demi-reliure, dos de veau. 3 »

L'ALBUM MUSICAL, contenant 89 romances, et autres airs gravés, orné de 36 vignettes dessinées par les artistes les plus renommés, in-18 broché. 1 50

Le même cartonné à la Bradel, papier maroquiné. 2 »

ANALYSE DU JEU DES ECHECS, par *Philidor*, in-12. 3 50

Cettte édition est ornée de quarante-deux planches, où se trouve figurée la situation du jeu pour les renvois et les fins de partie.

L'ART DE DESOPILER LA RATE, ou le chanteur comique. Recueil de couplets de tous les genres, moins le genre ennuyeux, 32 gravures, vol. in-32. » 75

ART DE CONFECTIONNER LES FLEURS ARTIFICIELLES. Edition ornée d'un grand nombre de figures et dédiée aux Dames, par Mme *Bl.****** vol. in-18. 3 »

Cet ouvrage a été rédigé, non pour servir aux fleuristes de profession, mais bien pour guider les Dames dans l'imitation des plus jolies fleurs de nos jardins. Ce volume est orné de 25 planches lithographiées et de 30 modèles de branches de fleurs artificielles.

ASTRONOMIE DES GENS DU MONDE, ou exposé du système planétaire, avec l'explication des phénomènes célestes, mis à la portée des personnes qui ne sont pas versées dans les mathématiques; par *A. O. Pauilhé*, in-12, 8 planches, seconde édition. 3 »

Le même, format in-8.° 4 »

BEAUTES DE LA LITTERATURE MORALE ET DE L'ELOQUENCE RELIGIEUSE. Recueil de morceaux en prose, extraits des ouvrages qui ont établi la réputation des orateurs les plus célèbres, mis en ordre par *Bucellos*. in-12. 2 50

BIBLIOTHEQUE CHOISIE pour les Dames, rédigée par *Madame Dufrenoy*, belle édition Didot, 24 vol. in-18, titres et frontispices grav. 36 »

LA BOTANIQUE DES DAMES, ou méthode facile pour connaître les végétaux, sans maître; par M. *Thém. Lestiboudois*, professeur de Botanique, auteur de plusieurs ouvrages sur cette science, 3 vol. in-18, dont un de planches. 7 50

Cet ouvrage, est orné de 35 planches et de 3 portraits.

Le Botanique, cette science aimable, mais hérissée de difficultés dans la plupart des traités, est présentée sous les formes les plus séduisantes dans l'ouvrage que nous recommandons Le style en est gracieux, plein d'agréments, et en rend la lecture fort attrayante. Mais l'utile n'a pas été sacrifié à l'agréable: les charmes de l'élocution n'ont pas fait négliger la science elle-même, on en a caché seulement l'aridité sous des ornements de bon goût. Le premier volume contient l'exposé général des principes faits avec autant d'exactitude que dans un livre essentiellement scientifique, il se fera lire avec beaucoup d'intérêt. Le second volume explique les diverses méthodes employées en botanique et un moyen très-simple de découvrir le nom de tous les genres de plantes qui croissent en France; il renferme en outre un dictionnaire explicatif de tous les mots techniques communément employés ; il suffit donc pour faire connaître les plantes que nous foulons aux pieds dans nos promenades. Enfin le trosième volume renferme les planches que rendent très-facile l'intelligence du texte.

BOTANIQUE DE LA JEUNESSE, par un professeur de Botanique, 2 vol. in-18, dont un de 35 planches. 4 »

Cet ouvrage est au fond le même que celui publié sous le titre de *Botanique des Dames*. Les planches sont les mêmes ; le texte est également le même, quant à la partie scientifique ; mais on a retranché de ce texte tous les accessoires que l'auteur n'y avait fait entrer qu'afin d'en rendre la lecture plus agréable aux dames.

CÉRÉMONIES NUPTIALES DE TOUTES LES NATIONS par le sieur *De Gaya*. 2 »

Ce volume de format in-18, est la reproduction textuelle d'un livre très-rare et très-recherché. Le prix auquel nous l'établissons couvrira à peine les frais faits pour cette réimpression.

LE CHANSONNIER JOVIAL, recueil de pots pourris, de chansons entremêlés de discours plaisants, de rondes à joyeux refrains, etc., 30 figures, vol. in-32. » 75

LE CHANSONNIER POPULAIRE, recueil de chansons originales qui ont égayé nos pères, et dont le peuple a gardé souvenance, in-18, beau papier, frontispice lithographié. 1 50

Le même, format in-32. » 75

CHANSONS TOURQUENNOISES, LILLOISES ET DOUAISIENNES, en patois du pays, par *Brûle-Maison* et autres, 2 volumes in-32, orné de neuf gravures et des airs notés. 1 25

CHEFS-D'ŒUVRE DE PIERRE ET THOMAS CORNEILLE, précédés de la vie de Pierre Corneille, Paris [Didot l'aîné], 4 vol. in-18, papier superfin, avec couvertures imprimées sur papier fin. 4 »

LES CINQ JEUX DE PIQUET, avec les règles applicables à chacun de ces jeux, suivi des règles du Papillon, in-32. » 25

DE LA BEAUTÉ, des moyens de la conserver; ou conseils aux femmes sur la santé, leur mise et leur instruction, très-beau volume in-18, illustré de 70 jolies vignettes. 1 50

DE L'AGRICULTURE ET DE L'ECONOMIE RURALE en France, en Belgique, en Hollande, et en Suisse, par *Colman*, traduit de l'anglais par le baron H. Le Bailly, in-8° 4 »

DISCOURS SUR L'HISTOIRE UNIVERSELLE, par *Bossuet*, avec la continuation depuis l'an 800 jusqu'à la naissance du Dauphin en l'an 1701, 6 vol in-18. 5 »

La continuation séparément, 2 vol. in-18 2 »

Le même, 2 vol in-12. 3 »

ÉCOLE DE CAVALERIE, contenant la connaissance, l'instruction et la conservation du cheval par M. *De la Guérinière*, nouvelle édition accompagnée de 57 gravures en taille-douce et en relief, 2 vol. in-12, couvert. imp. 6 »

ELOGE DE L'ANE, contenant des détails curieux sur ses mœurs, sa noblesse, son éducation, sa philosophie, ses avantages extérieurs, ses travaux, sa supériorité sur le cheval et sur tous les animaux en général, ses nombreuses propriétés, son infaillibilité, les honneurs qui lui ont été rendus dans tous les temps, etc., etc., le tout accompagné de notes historiques et scientifiques, par un docteur de Montmartre, vol. in-8.°, tiré à un très-petit nombre d'exemplaires. 5 »

FASTES MILITAIRES DE LA FRANCE, depuis l'an 456 jusqu'à ce jour, ouvrage contenant : 1.° La date de près de 1200 batailles et combats mémorables soutenus par les armées françaises (de terre et de mer) ; 3.° Le nom des généraux qui y commandaient ; 3.° L'histoire des principaux faits d'armes ; etc., etc., gros volume, in-18, fig. 2 50

LA GUERRE AUX FEMMES. Recueil de pièces servant à dévoiler les vices et les nombreux défauts du sexe, in-8°. 7 »

Ce volume, dont la plupart des pièces sont écrites en style populaire du nord de la France au XVII.° siècle, a été tiré à un très-petit nombre d'exemplaires en ce format, et seulement pour satisfaire le désir exprimé par quelques amateurs.

LE GRAND ORACLE DES DAMES ET DES DEMOISELLES, ou le conseiller du beau sexe, par M.elle *Lemarchand*, in-12 1 25

GUIDE DES FEMMES DE MENAGE, DES CUISINIÈRES ET DES BONNES D'ENFANTS, in-18, broché. » 75

Le même, cartonné avec 50 pages de papier blanc, destinées à recevoir des notes. 1 »

L'IDIOME ANGLAIS ou la clé des véritables difficultés de cette langue, ouvrage divisé en cinquante leçons, à l'usage des deux nations (française et anglaise), par *Gabriel Saulse*. 2 volumes in-8.° 6 »

LE JARDINIER DU NORD DE LA FRANCE ET DE LA BELGIQUE, ou les éléments de la culture des jardins potagers et fruitiers, par *C. Bonnelle*, édition augmentée de notes et de figures; par *Blismon*. Vol. in-12 2 »

LE JEU DES ECHECS par *Gioachino-Greco*, di le Calabrois, in-12, fig. 3 5

LE JEU DES ECHECS selon la méthode de *Philippe Stamma*, 103 parties figurées et expliquées, in-12. 5

LEÇONS ELEMENTAIRES SUR LE JEU DE ÉCHECS, avec des exercices et un atlas sépar contenant 125 planches imprimées en couleur par M. l'abbé *Vétu*. 2 vol. in-12. 6

LA MAGIE BLANCHE dévoilée, par *Décremp* et *Sharp*, professeurs de Physique amusante, recueil de tours d'adresse ou d'escamotage, de subtilités ingénieuses, de récréations mathématiques, d'expériences tirées de la physique et de la chimie, de tours de cartes, etc. avec 140 sujets gravés, gros vol. in-18. 3 »

LE MAITRE D'ESCRIME, ou l'art des armes démontré par *Demeuse*, in-18, avec 14 gravures, couverture imprimée. 1 25

MANUEL COMPLET DU DÉMONOMANE, ou les ruses de l'enfer dévoilée. Triple vocabulaire infernal, par *Frinellan*, démonographe, in-18, figures. 1 80

MANUEL DE L'AMATEUR DU JEU DE BILLARD, contenant : 1.° Une explication de ce très-beau jeu ; 2.° Les règles générales qui lui sont applicables ; 3.° Les règles particulières à chacune de ses vingt-cinq parties principales ; 4.° Un vocabulaire complet des termes employés par les joueurs les plus renommés, nouvelle édition publiée par *Blismon*, et ornée de 41 planches figurant les coups les plus extraordinaires, in-8.° 4 »

MANUEL DE L'AMATEUR DU JEU DES ECHECS, par *Stein*, in-12, 34 planc. 5 »
Cet ouvrage est destiné à faire suite à celui de *Philidor*. *Le Bibliographe*, dans son numéro du 22 Juillet, fait le plus grand éloge de ce volume.

MANUEL de l'amateur du Whist, in-32. » 50

MANUEL DU BON JARDINIER, ou éléments de la culture des jardins potagers et fruitiers mis à la portée de tout le monde, par *C. Bonnelle*, in-12, figures. 1 80

LE MANUEL DU CHANSONNIER DE LA BONNE COMPAGNIE, fig. en taille douce, gros in-32. » 75

MANUEL DU PEINTRE en miniature, à la gouache et à l'aquarelle, par M. de L.*** Cet ouvrage est suivi d'un Aide-mémoire à l'usage des élèves et des amateurs de la Peinture orientale, et il est orné de deux tableaux coloriés, in-18, papier vélin. 3 »

MANUEL VÉTÉRINAIRE, ou traité sur les maladies du cheval et sur les remèdes qu'on doit employer pour les guérir, ouvrage dédié à toutes les personnes qui aiment ou qui sont chargées du soin de ce noble animal, par M. de la *Guérinière*, in-12, fig. 2 »

LE MEDECIN DE LA FAMILLE. Recettes et remèdes éprouvés pour la conservation de la santé, et pour la guérison des maladies et accidents, avec ou sans le concours du médecin, in-18. 1 »

LES MILLE ET UN AMUSEMENTS DE SOCIÉTÉ; recueil de tours d'adresse ou d'escamotage : de subtilités ingénieuses; de récréations mathématiques, d'expériences tirées de la physique; de tours de cartes, etc., etc.; ouvrage orné de 130 gravures pour l'intelligence du texte, dédié aux personnes qui veulent s'amuser, et divertir les autres à peu de frais, par *Blismon* de Douai, in-18 de 360 pages. 1 80

LES MILLE ET UN SECRETS, remèdes et procédés utiles, nouveaux et éprouvés. Trésor de la toilette, de la santé et d'économie domestique, dédié aux Dames, par *Blismon*; vol. in-32 de 540 pages. 2 »

Cet ouvrage contient : 1.° Des secrets pour embellir, soigner et conserver toutes les parties du corps ; 2.° La méthode de s'habiller et de se coiffer convenablement ; 3.° Les meilleurs moyens de blanchir le linge, les étoffes de coton, la dentelle et les autres objets délicats; 4.° Des procédés pour le nettoyage des étoffes de soie ou de laine, des chapeaux de paille, etc., etc. ; 5.° De nombreux secrets pour enlever les tâches de toute nature sur les étoffes de laine, de soie, de lin, colorées ou non, et sur celles brodées en or ou en argent ; 6.° Des procédés pour assainir les appartements et y maintenir la propreté, ainsi que pour nettoyer les meubles et les ustensiles de toute espèce ; 7.° Des moyens pour détruire les petits animaux incommodes ; 8.° Une quantité de secrets d'économie domestique, etc. 9.° Les préceptes les plus importants sur la manière de se conserver en santé ; 10.° Des remèdes contre certaines maladies, et contre les accidents qui altèrent la beauté de chacune des parties extérieures du corps ; 11.° Des remèdes éprouvés contre les maladies légères qu'on traite habituellement soi-même; 12.° Les moyens les plus efficaces et les plus simples à employer dans les cas pressants qui réclament les secours de la médecine, etc., etc.

MORCEAUX CHOISIS DE LITTÉRATURE ET DE MORALE, ou recueil en prose et en vers, des traits brillants de nos plus célèbres auteurs; seconde édition publiée par *Buqcellos*, 2 vol. in-12 dont un en vers. 3 »

Chaque volume se vend séparémentt 1 50

NARGUE DU CHAGRIN! recueil de mille et une chansons drolatiques ou satiriques, 30 figures, vol. in-32. » 75

LE NOUVEAU CHANSONNIER UNIVERSEL, véritable encyclopédie joyeuse, illustrée par 60 gravures, vol. in-32 de 512 pages. 1 50

NOUVEAU FORMULAIRE DE TOUS LES ACTES QUE L'ON PEUT FAIRE SOUS SEING PRIVÉ, par Blismon, in-18. 1 »

Le même, solidement cartonné. 1 20

LA NOUVELLE ET BONNE CUISINIÈRE BOURGEOISE, rédigée par Mademoiselle Marianne, cordon bleu de Paris, deuxième édition, ornée de 23 gravures, in-18. 1 20

Le même solidement cartonné. 1 50

NOUVEL ABRÉGÉ DU VOYAGEUR FRANÇAIS DANS LES CINQ PARTIES DU MONDE, contenant le portrait, le caractère, la religion, les mœurs, les coutumes et les usages des principaux peuples de l'univers; les curiosités naturelles de divers pays, et les anecdotes les plus intéressantes sur les contrées les moins connues de la terre ; dédié à la jeunesse par *Buqcellos*, 2 volumes in-12, ornés de gravures. 4 »

Le même ouvrage, orné de 16 gravures coloriées. 5 »

NOUVELLE SELAMOGRAPHIE. Langage allégorique, emblématique ou symbolique des Fleurs, des Fruits, des Animaux, des Couleurs, etc., in-18, fig. 1 80

Cet ouvrage qui est terminé par un petit abrégé de Botanique est particulièrement dédié aux Dames qui s'amusent du dessin ou qui s'occupent de la broderie, et aux personnes qui désirent faire emploi du langage des fleurs, pour exprimer leurs sentiments de respect, de reconnaissance, d'amour, d'estime, ou d'amitié, ou pour faire connaître les passions contraires qui les animent.

PENSÉES DE L'EMPEREUR MARC-AURÈLE ANTONIN, traduites du grec par M. de *Joly*, gros volume in-18 1 25

LE PETIT CABINET DES FÉES, 16 volumes in-32, frontispices en taille-douce. 3 »

PROJET DE LOI PORTANT DEFENSE D'APPRENDRE A LIRE AUX FEMMES, par *Sylvain Maréchal*, in-18. 2 »

Cet ouvrage manquait depuis longtemps dans le commerce. On l'a réimprimé à un fort petit nombre, et uniquement pour satisfaire quelques amateurs.

LA SIBYLLE couleur de rose, amusement de société, in-40, imprimée sur papier blanc, jaune ou rose, et illustrée par un très-grand nombre de petites figures. » 60

TRAITÉ D'EQUITATION, contenant l'art de monter à cheval et des principes pour connaître, dresser, nourrir, panser et gouverner les chevaux; par M. de la *Guérinière;* édition ornée de 55 gravures, in-12. 4 »

TRAITÉ DE MÉTÉOROLOGIE, ou physique du Globe, par *J.-G. Garnier*, ancien professeur de l'école polytechnique, 2 vol. in-8°, seconde édition. 10 »

Cet ouvrage qui vient d'être publié, a été mis par son auteur, à la portée des gens du monde. La lecture en est tout à la fois intéressante et instructive.

TRAITE DE NATATION, ouvrage utile à tout le monde, par MM. *Roger*, *Thévenot et Timony;* vol. in-12, orné de 22 fig. 2 »

TRAITÉ DE PEINTURE A L'AQUARELLE, par A. DD. Chirac, in-12. 1 50

TRAITÉ THEORIQUE ET PRATIQUE DU JEU DES ECHECS, rédigé par une société d'amateurs; sur les ouvrages de *Stamma*, du *Calabrois*, de *Philidor*, de *Salvio Caréra,* de *Lolli, etc.* Troisième édition, in-12. 4 »

VERITABLE LANGAGE ALLEGORIQUE DES FLEURS, des Plantes, des Fruits, etc., in-18, 34 fig. 1 »

FLEURS ARTIFICIELLES.

Fabrique et Magasin d'Apprêts,

DE BLOCQUEL,

Grande Place, 13, près de l'Hôtel de Gand,

A LILLE (Nord).

ATELIER POUR LA CONFECTION DES FLEURS ARTIFICIELLES spécialement destinées au décors des églises et des chapelles — Bouquets, guirlandes, branches de fleurs, arbustes, couronnes pour processions ou pour distributions de prix (de 6 centimes à 20 francs pièce), couronnes et auréoles pour vierges, palmes, etc.

MAGASIN D'OUTILS, D'APPRÊTS, D'ÉTOFFES, PAPIER, etc. Ce magasin est en ce genre, l'un des mieux assortis du Nord de la France. — On y trouve Pinces, boules, emporte-pièces, pieds de biche, triboulets. — Feuilles en papier vert, doré ou argenté ; feuilles en étoffe verte (cirées, ombrées ou panachées) ;

feuilles en étoffe d'or ou d'argent ; feuillage brun ou noir pour deuil, et autres pour ouvrages de fantaisie, etc. — Piquets de feuilles fines. — Pétales, cœurs et pistils de presque toutes les fleurs ; — Fruits divers ; épis verts, jaunes, en or ou en argent ; grains de raisin verts, blancs, violets, en argent ou en or. — Mousseline, jaconat, gaze d'or ou d'argent, et autres étoffes préparées pour feuilles ou pour pétales. — Papier serpente, blanc et de toutes couleurs ; papier ombré, marbré ou panaché, pour pétales, allumettes tombantes, etc. ; papier à passer. — Papier et autres fournitures pour fleurs dites *à la minute*. — Modèles de ce genre de fleurs. — Ouate blanche ou de couleur, chenille en soie ou en laine, fil apprêté, fil de fer de toutes sortes, baguettes couvertes pour tiges, etc., laiton de cuivre nu ou recouvert de soie ou de coton, gouttes d'eau, poudre pour brillanter, semoule de différentes couleurs, soie écrue, soie végétale, soie plate pour passer. — Rose végétal sur plaque ou en bouteilles ; bleu, jaune, violet et autres couleurs en petites bouteilles, pour nuancer ou panacher les pétales ; idem en poudre ou en tablettes pour le même usage ; feuilles de papier d'or ou d'argent, papier-paillon, paillon de toutes couleurs. — Mousse teinte et non teinte. — Cannetille en or ou en argent. — Corbeilles rustiques et suspensions de différents genres, garnies et non garnies de fleurs, bobêches, allumettes montantes et tombantes, bottes d'immortelles sèches, bruyères, herbes, plumes, marabouts, montures diverses. — Pots à fleurs en terre cuite, soigneusement tournés, bronzés et non bronzés, vides ou garnis de fleurs. — Enveloppes ou cornets pour bouquets plats ou ronds, écaillés ou bordés de papier dentelle, et généralement tout ce qui tient au commerce des fleurs.

GRAND MAGASIN DE FLEURS ARTIFICIELLES, fines et communes, en bottes ou en douzaines, pour modistes, lingères ou fleuristes. — Ces fleurs proviennent des meilleurs fabricants de la capitale, avec lesquels on entretient des relations journalières.

ATELIER SPÉCIAL POUR DÉCOUPER ET GAUFRER, les feuilles et les pétales.

CONSEILS GRATUITS donnés aux Dames qui s'amusent à faire des fleurs ou des ouvrages de fantaisie qui y ont rapport.

BIBLIOTHÈQUE IMPÉRIALE IMPR.

Lille. — Typ. de Blocquel.

www.ingramcontent.com/pod-product-compliance
Ingram Content Group UK Ltd.
Pitfield, Milton Keynes, MK11 3LW, UK
UKHW021158220726
13924UKWH00003B/1192